IMAGES OF WALES

CAERFYRDDIN
CARMARTHEN

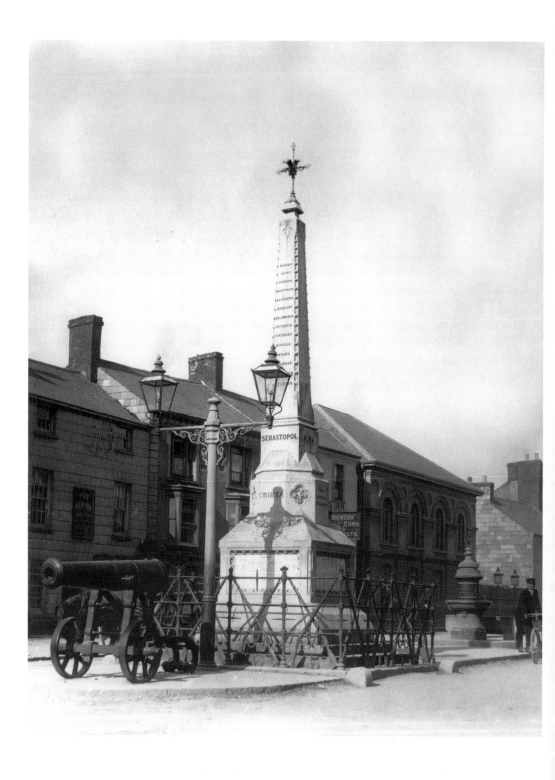

IMAGES OF WALES

CAERFYRDDIN
CARMARTHEN

CHRIS DELANEY

TEMPUS

Wyneblun: Cofadail Rhyfel y Crimea yn Heol Awst tua 1900. Codwyd y cofadail ym 1858 er cof am aelodau o 23ain catrawd y Ffiwsilwyr Brenhinol Cymreig a fu farw yn ystod y rhyfel. Toddwyd y canon a gipiwyd oddi wrth y Rwsiaid a chafodd ei ddefnyddio fel metel sgrap yn ystod yr Ail Ryfel Byd.

Frontispiece: *The Crimean War Monument in Lammas Street, c. 1900. The monument was erected in 1858 in memory of members of the men of the 23rd Royal Welch Fusiliers, who died in the war. The captured Russian cannon was melted for scrap during the Second World War.*

Cyhoeddiad cyntaf/First published 2003

Tempus Publishing Limited
The Mill, Brimscombe Port,
Stroud, Gloucestershire, GL5 2QG

British Library Cataloguing in Publication Data.
A catalogue record for this book is available from the British Library.

ISBN 0 7524 1599 9

Typesetting and origination by Tempus Publishing Limited
Printed in Great Britain by Midway Colour Print, Wiltshire

Cynnwys
Contents

Cynllun o Gaerfyrddin a gyhoeddwyd gan John Wood, 1834.

Plan of Carmarthen published by John Wood, 1834.

Cyflwyniad
Introduction

Caerfyrddin yw tref sirol a chanolfan weinyddol Sir Gaerfyrddin. Saif ar lannau'r Tywi, ar barthau uchaf y llanw. Y Rhufeiniaid sefydlodd y dref a'i galw'n 'Moridunum', sef 'Caer Môr'. Mae Caerfyrddin wedi chwarae rhan allweddol yn hanes a datblygiad yr ardal, yn bennaf oherwydd ei lleoliad ar y Tywi. Roedd yr afon a'i dyffryn o gryn bwys gan eu bod yn cysylltu perfeddwlad Sir Gaerfyrddin, drwy Gaerfyrddin, â'r byd ehangach.

Mae delweddau'n ffynhonnell hanesyddol pwˆerus. Maent yn cael effaith yn syth ac maent ar gael i gynulleidfa eang. Mae ffotograffau yn arbennig, yn ail-greu'r dyfodol, maent yn apelgar ac yn tanio'r dychymyg. Yn y llyfr hwn yr ydym wedi cyfuno ffotograffau a lluniau eraill er mwyn estyn y cyfnod sydd dan sylw, a chynyddu'r agweddau ar y dref a'i gweithgareddau sy'n cael eu cynnwys. Daw'r holl ddelweddau yn y llyfr o gasgliadau Archifau ac Amgueddfa'r Sir. Y ddelwedd gynharaf o Gaerfyrddin y gwyddys amdani yw cynllun John Speed sy'n dyddio'n ôl i 1610. Mae'r castell, yr eglwys a phatrwm y strydoedd i'w gweld yn hawdd yn y cynllun ac mae'n dangos nad yw strwythur sylfaenol y dref wedi newid ryw lawer ers y canol oesoedd.

Mae nifer y llyfrau o hen luniau a gyhoeddwyd yn ddiweddar yn dyst i'r ffaith bod defnyddio lluniau fel dogfennau hanesyddol yn hynod boblogaidd. Mae Caerfyrddin yn destun ambell lyfr o'r math hwn ac mae llawer ohonom yn gyfarwydd â'r lluniau o brif strydoedd Caerfyrddin yn oes Fictoria ac oes Edward. Yr her wrth gynhyrchu'r llyfr hwn felly, oedd dod o hyd i ddelweddau o'r dref nad ydynt wedi'u cynnwys yn aml, os o gwbl, mewn cyhoeddiadau eraill. Mae'r lluniau yn y llyfr hwn yn dod o gasgliadau o negatifau, printiau a thryloywluniau. Prin yw'r cardiau post yn y llyfr hwn. Mae ansawdd y lluniau gwreiddiol wedi caniatáu i ni ddefnyddio'r dechnoleg ddiweddaraf i archwilio'r delweddau a dangos y rhannau hynny o'r dref nad oedd ffotograffwyr cardiau post yn ymweld â hwy. Yn ogystal, ceir yma ddelweddau o'r prif strydoedd gan dynnu ar y casgliad gwych o negatifau a gynhyrchwyd gan J. F. Lloyd.

Yn y casgliadau mae nifer o luniau bendigedig o'r dref a dynnwyd o'r awyr. Mae rhai yn dyddio'n ôl i'r 1920au a'r 1930au ond mae gennym hefyd sawl cyfres o luniau a dynnwyd gan Ken Davies a Derek Powell, sy'n dangos yn eglur y newidiadau mawr a welwyd yn y dref dros y degawdau diwethaf. Yn ogystal, mae set o dryloywluniau a dynnwyd gan Frank Webber yn y 1970au a'r 1980aus wrth iddo wylio'r hen dref yn diflannu, yn cofnodi'r newidiadau. Yn ôl y dystiolaeth ffotograffig hon gwnaed y rhan fwyaf o'r newidiadau mawr i strwythur y dref dros y deugain mlynedd ddiwethaf.

Yn ogystal, mae Ken Davies wedi rhoi i'r amgueddfa gyfres neilltuol o negatifau a dynnwyd yn ystod y 1960au, dros genhedlaeth yn ôl. Mae rhai ohonynt wedi'u cynnwys yn y llyfr hwn er mwyn atgoffa darllenwyr mai continwwm yw hanes a bod digwyddiadau ddoe hyd yn oed yn y gorffennol. Mae Caerfyrddin wedi newid a datblygu ers i gynllun Speed weld golau dydd ym 1610, ond yn ddiweddar mae amlder y newidiadau wedi cynyddu'n aruthrol ac mae'r llyfr hwn yn dangos bod lluniau'n arf allweddol i gofnodi'r newidiadau hyn.

Carmarthen is the county town and administrative centre of the County of Carmarthenshire. It is situated on the River Tywi, at the upper limits of its tidal flow. The Romans established the town, which they named Moridunum, meaning 'Sea Fort'. Carmarthen has played a key role in the history and development of the region, particularly because of its strategic location on the Twyi. The river and its valley formed an important communication route, linking the hinterland of Carmarthenshire, through Carmarthen, to a wider world.

Images are powerful historic sources, which have immediacy and are accessible to a wide audience. Photographs in particular, readily bring the past to life, engaging the viewer and exciting their imagination. In this book we have mixed photographs with other image forms, in order to extend the timescale and ensure a broader coverage of the town and its activities. All of the images in the book are drawn from the County Museum and Archive Collections. The earliest known image of Carmarthen is John Speed's picture-plan of the town, dated to 1610. The castle, church and street pattern are easy to identify in the plan and indicate that the basic structure of the present town, which is medieval in origin, is still apparent today.

The popularity of photographs as historic documents is demonstrated by the number of books of old photographs that have been produced in recent times. Carmarthen is no exception to this phenomenon, and the main streets of Victorian and Edwardian Carmarthen are well known. The challenge in producing this book has been to find images of the town that have been rarely used before, or not used at all, in publications. The photographs in this book have been drawn from collections of original negatives, prints and transparencies. Only occasionally have we used a postcard. The quality of the originals has allowed us to use new technology to explore these images and show areas of the town not visited by the picture postcard photographer. We have also included images of the main streets, particularly drawing on the fine collection of negatives produced by J.F. Lloyd.

In the collection are excellent groups of aerial photographs of the town. Some date to the 1920s and 1930s, but we also have several series taken by Ken Davies and Derek Powell, which clearly show the dramatic changes that have taken place over the last few decades. These changes are also recorded in a group of transparencies taken by Frank Webber in the 1970s and 1980s, as he watched the old town disappear. The photographic evidence shows that most of the major changes in the structure of the town have taken place in the last forty years.

Ken Davies has also given the museum a wonderful series of negatives taken during the 1960s, over a generation ago. We have included several of these as reminders that history is a continuum, and that yesterday is now the past. Since Speed's plan of 1610, Carmarthen has changed and developed, but in recent years the pace of change has been particularly dramatic. This book demonstrates that photographs are key historic documents recording this change.

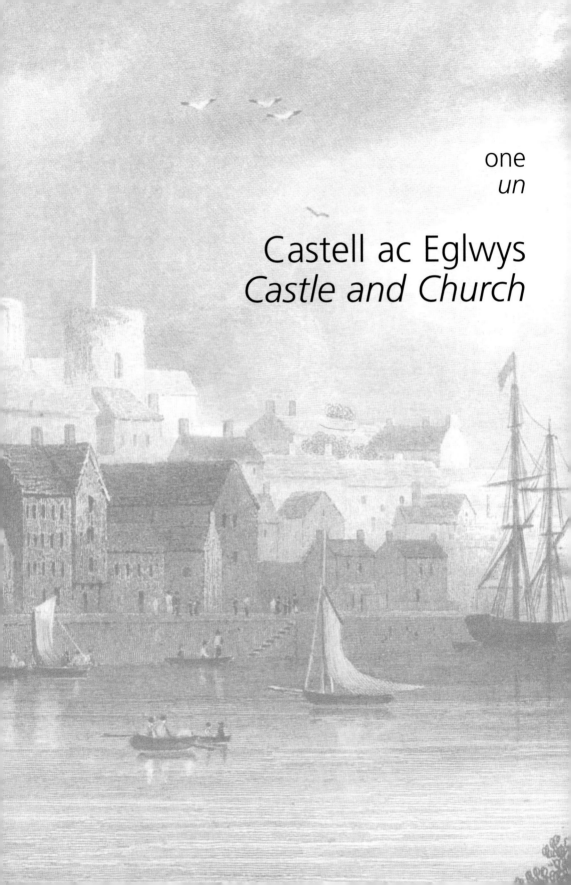

one
un

Castell ac Eglwys
Castle and Church

Eglwys San Pedr, tua 1853.

St Peter's Church, c. 1853.

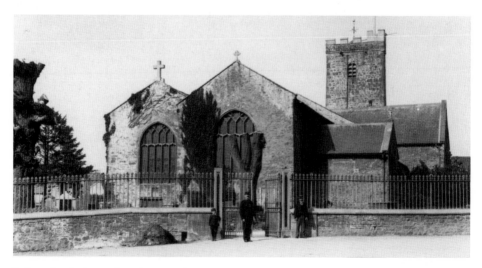

Eglwys San Pedr, y golwg dwyreiniol, tua 1905.

St Peter's Church, the east elevation, c. 1905.

Castell Caerfyrddin, tua 1780. Mae'r ysgythriad hwn yn gopi diweddarach ond manwl-gywir o un gwreiddiol a dynnwyd ac a gyhoeddwyd gan y brodyr Buck ym 1740.

Carmarthen Castle, c. 1780. This engraving is a later, but more accurate, copy of one originally drawn and published by the Buck brothers in 1740.

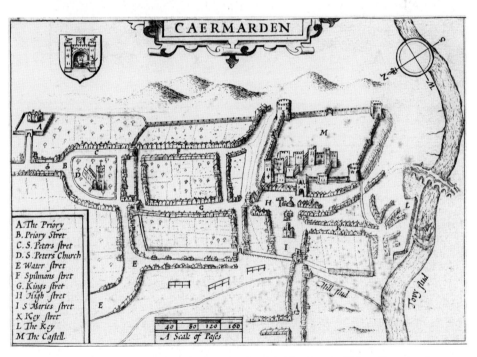

Cynllun o Gaerfyrddin gan John Speed, 1610. Hyd y gwyddys dyma'r ddelwedd gynharaf o Gaerfyrddin. Mae'r castell, yr eglwys, y bont, y Neuadd Sirol, porth y dref a chlwstwr o dai ger y cei i'w gweld yn glir.

Plan of Carmarthen by John Speed, 1610. This is the earliest known image of Carmarthen and clearly shows the castle, church, bridge, shirehall, town gates and cluster of houses by the quay.

Eglwys San Pedr, tua 1860. Cafodd yr ysgythriad hwn ei gomisiynu a'i argraffu gan Hannah White & Sons. Sefydlodd hi'r cwmni ym 1818, ac fe'i gwerthwyd ym 1861 yn dilyn ei marwolaeth.

St Peter's Church, c. 1860. This engraving was commissioned and printed by Hannah White & Sons. She established the company in 1818, which following her death, was sold in 1861.

Gyferbyn uchod: Eglwys San Pedr, tua 1890. Symudwyd y cloc ar y twˆr i'w safle presennol ym 1905. Dymchwelwyd y rhan fwyaf o'r adeiladau ar y chwith er mwyn creu mynedfa i'r maes parcio.

Opposite above: *St Peters Church, c. 1890. The clock on the tower was moved to its present position in 1905. Most of the group of buildings on the left were removed to form the entrance to the car park.*

Gyferbyn isod: Caerfyrddin, tua 1830. Yn yr ysgythriad hwn o Gaerfyrddin gan H. Gastineau mae'r castell yn edrych dros yr afon, y bont a'r cei newydd a adeiladwyd ym 1808.

Opposite below: *Carmarthen, c. 1830. This engraving of Carmarthen by H. Gastineau shows the castle overlooking the river, bridge and new quay built in 1808.*

Chwith: Porth Castell Caerfyrddin tua 1930. Roedd yr Orsaf Heddlu Sirol y tu fewn i'r porth hwn.

Left: *Carmarthen Castle Gate, c. 1930. The County Police Station was inside this gate.*

Isod: Castell Caerfyrddin, 1980. Daeth y porthdy a'r cysylltfur i'r amlwg pan ddymchwelwyd adeiladau cyfagos ym Maes Nott.

Below: *Carmarthen Castle, 1980. The gatehouse and curtain wall were dramatically exposed when adjacent buildings in Nott Square were demolished.*

Porthdy Castell Caerfyrddin, 1914. William Jones, Pennaeth Ysgol Gelf Caerfyrddin wnaeth yr ysgythriad hwn.

Carmarthen Castle Gatehouse, 1914. William Jones, the Headmaster of Carmarthen School of Art, made this engraving.

Caerfyrddin, tua 1775. Mae'r llun hwn o Gaerfyrddin a dynnwyd gan Thomas Jones, yn dangos y castell, a rhan o furiau'r dref i'r de-ddwyrain.

Carmarthen, c. 1775. This view of Carmarthen, drawn by Thomas Jones, shows the castle and the south-east section of the town walls.

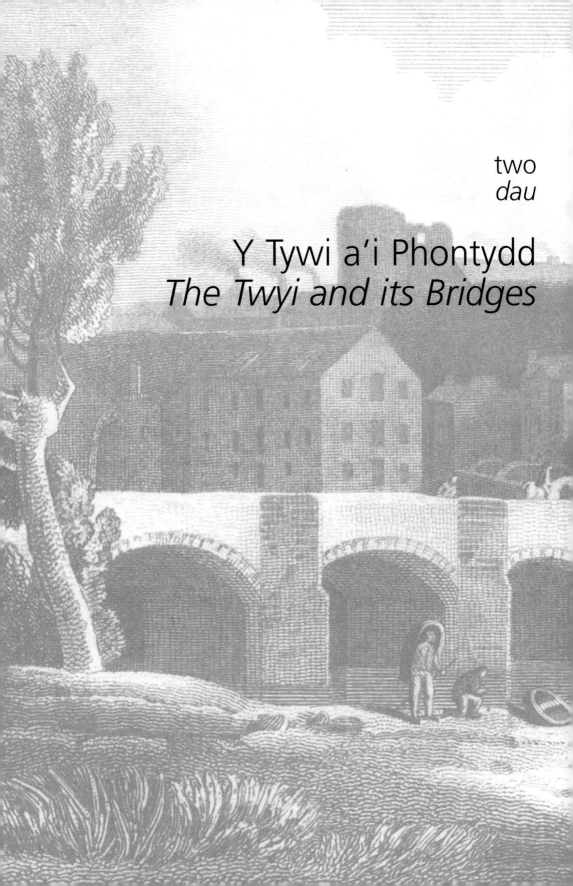

two
dau

Y Tywi a'i Phontydd
The Twyi and its Bridges

Pont Caerfyrddin, tua 1860. Cafodd yr ysgythriad hwn ei gomisiynu a'i argraffu gan Hannah White & Sons, y cwmni a gynhyrchodd yr ysgythriad o Eglwys San Pedr.

Carmarthen Bridge, c. 1860. This engraving was commissioned and printed by Hannah White & Sons, who also produced the engraving of St Peter's Church.

Pont Caerfyrddin, tua 1795. Ysgythriad o lun cynharach gan A. Wilson.

Carmarthen Bridge, c. 1795. This is an engraving of an earlier drawing by A. Wilson.

Y Tywi yn gorlifo, tua 1925. Mae'r dwˆr bron â chyrraedd bwâu'r bont ac mae ceffyl ar y cei yn tynnu cert drwy'r dwˆr.

The Twyi in flood, c. 1925. Flood waters almost reach the tops of the bridge arches, and a horse-and-cart wades along the quay.

Pont Caerfyrddin, tua 1925.

Carmarthen Bridge, c. 1925.

Pont Caerfyrddin 1936. Gweithwyr yn dymchwel un o fwâu'r hen bont.

Carmarthen Bridge, 1936. Workmen demolish an arch of the old bridge.

Pont Caerfyrddin, 1937. Mae'r estyll yn eu lle ar gyfer pentanau'r bont newydd, mae'r traffig yn defnyddio pont dros dro.

Carmarthen Bridge, 1937. The shuttering is in place for the piers of the new bridge, while traffic passes by on a temporary bridge.

Pont Caerfyrddin, 1937. Mae'r gwaith o adeiladu'r bont newydd yn mynd rhagddo gyda'r tri bwa i'w gweld ynglir.

Carmarthen Bridge, 1937. Work on the new bridge continues to progress as the three arches take shape.

Rhiw'r Castell, 1937. Cafodd Rhiw'r Castell ei gwella yn ystod y gwaith o godi'r bont newydd.

Castle Hill, 1937. Castle Hill was improved during the construction of the new bridge.

CARMARTHEN BRIDGE.

1924 · 1938

Yr hen bont a'r bont newydd, tua 1938.

The old and new bridges, c. 1938.

Pont reilffordd Brunel, tua 1890. Codwyd y bont hon ym 1852 ac fe'i gelwid yn Bont Wen. Codwyd pont newydd yn ei lle ym 1911.

Brunel's railway bridge, c. 1890. This bridge was built in 1852 and was known as the White Bridge. It was replaced in 1911.

Uchod chwith: Pont reilffordd Brunel, tua 1900. Paentiwyd y llun dyfrlliw hwn gan yr arlunydd lleol, B.A. Lewis.

Above left: *Brunel's railway bridge, c. 1900. A watercolour painted by a local artist, B.A. Lewis.*

Uchod dde: Gweithwyr yn codi'r bont newydd, tua 1910. Agorwyd y bont wrthbwys hon ym 1911.

Above right: *Workmen constructing the new bridge, c. 1910. This bridge, a rolling bascule type, opened in 1911.*

Y Bont Wrthbwys, tua 1911. Mae'r bont ar agor er mwyn caniatáu i'r S.S. *Merthyr* gyrraedd y cei.

The Bascule Bridge, c. 1911. The bridge is open allowing the S.S. Merthyr *to pass up river to the quay.*

Chwith: Pont Bailey, tua 1980. Roedd y bont dros dro hon a safai rhwng yr orsaf reilffordd a Glanfa'r Ynys yn ddigon cryf i wrthsefyll llifogydd mawr.

Left: *The Bailey Bridge, c. 1980. This temporary bridge from the railway station to Island Wharf was strong enough to withstand major floods.*

Gyferbyn uchod: Y Bont Reilffordd, 1984. Codwyd y bont hon ym 1858, a'i dymchwel ym 1984.

Opposite above: *The Railway Bridge, 1984. Built in 1858, this bridge was demolished in the same year this photograph was taken.*

Pont Bailey, tua 1980. Codwyd y bont dros dro hon ym 1970 i leddfu rhai o broblemau traffig Caerfyrddin. Dymchwelwyd y bont ym 1983, wedi i Bont Lesneven gael ei chodi.

The Bailey Bridge, c. 1980. Built as a temporary structure to relieve some of Carmarthen's traffic problems in 1970, the bridge was demolished in 1983, after the completion of Pont Lesneven.

Caerfyrddin o'r awyr, tua 1975. Yn y ffotograff hwn gwelir y berthynas rhwng prif bont y dref a Phont Bailey a godwyd dros dro.

Carmarthen taken from the air, c. 1975. The photograph shows the relationship between the main town bridge and the temporary Bailey Bridge.

Y Tywi yn gorlifo ei glannau
tua 1925.

The Tywi in flood, c. 1925.

Roedd y gorllanw a glaw trwm
yn achosi llifogydd yn aml gan
effeithio ar adeiladau ar hyd y
cei, tua 1925.

*Buildings along the quay were
regularly flooded by a combination
of heavy rain and spring tides,
c. 1925.*

Tafarn y Jubilee yn dioddef yn
ystod y llifogydd yn y 1920'au.

*The Jubilee pub suffers during a
flood in the 1920s.*

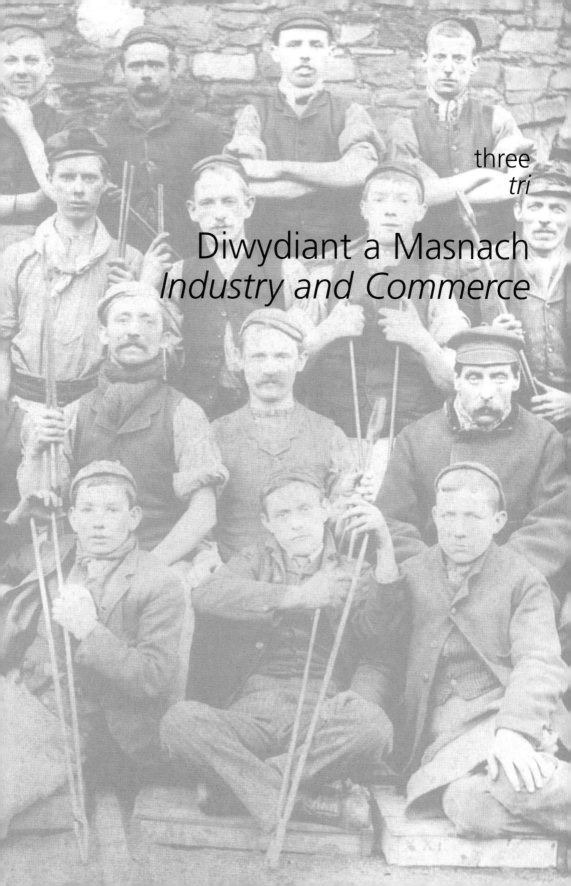

three
tri

Diwydiant a Masnach
Industry and Commerce

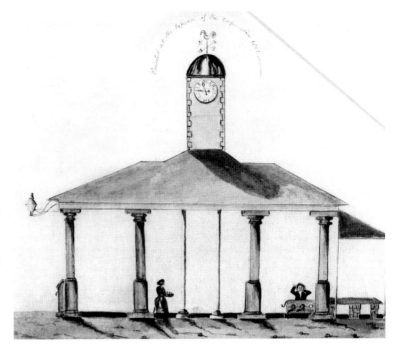

Marchnad Caerfyrddin, tua 1846. Codwyd y farchnad dan do hon tua 1783, pan dynnwyd croes yr hen farchnad. Fe'i dymchwelyd ym 1850 cyn i gofadail Nott gael ei adeiladu ar y safle.

Carmarthen Market, c. 1846. This covered market was erected in around 1783, when the old market cross was removed. It was demolished in around 1850, prior to the erection of Nott's Monument on the site.

Cei Caerfyrddin, tua 1830. Mae'r ysgythriad hwn, o lun gan David Cox, yn dangos llongsaernïaeth wrth ochr yr afon, islaw'r cei.

Carmarthen Quay, c. 1830. This engraving, from a drawing by David Cox, shows shipbuilding alongside the river, down from the quay.

Y *Ruth* wedi'i hangori ger y melinau llifio gyferbyn â'r cei, tua 1900.

The Ruth *moored by the saw mills opposite the quay,* c. *1900.*

Y melinau llifio, gyda'r cei yn y cefndir, tua 1900.

The saw mills, with the quay in the background, c. *1900.*

Yr afon yn ferw o brysurdeb ym 1915. Gellir gweld y 'Western Counties Warehouse' (WCA), a adeiladwyd ym 1904, y tu ôl i'r cwrwgl ar y chwith.

A very busy river scene in around 1915. The Western Counties Warehouse (WCA), built in 1904, is just visible behind the coracle on the left.

Cwrwglwyr a'u teuluoedd, tua 1910. Erbyn heddiw dim ond 12 pâr o gwryglau sydd wedi'u trwyddedu i bysgota ar yr afon. Ym 1860, roedd 400 o ddynion yn ennill bywoliaeth o'r afon.

Coraclemen and their families, c. 1910. Today only twelve pairs of coracles are licensed to fish the river. In 1860, 400 men earned a living from the river.

Ffatri Laeth Unigate, Tre Ioan, tua 1965.
Adeiladwyd y ffatri yn gynnar yn y 1920au, ac
roedd dan reolaeth cwmni Cow & Gate cyf., tan
1962, pan unodd y cwmni hwn â chwmni
Unigate.

The Unigate Milk Factory, Johnstown, c. 1965. Built
in the early 1920s, it was run by Cow & Gate Ltd
until 1962, when the company merged with Unigate.

Un o'r lorïau corddi olaf yn cyrraedd y ffatri yn Nhre Ioan ym 1977.

One of the last churn lorries enters the Johnstown factory in around 1977.

Swmpdanceri yn y ffatri yn Nhre Ioan ym 1977.

Bulk tankers at the Johnstown factory in around 1977.

Tanerdy Caerfyrddin, tua 1900. Safai'r tanerdy ar gornel Heol y Gwyddau a Heol Ioan. Mae William Thomas o Heol y Gwyddau yn sefyll yn y llun – fe yw'r ail o'r dde.

Carmarthen Tannery, c. 1900. The tannery stood on the corner of St Catherine Street and John Street. William Thomas of St Catherine Street stands second from the right.

Dymchwel adeilad yr WCA ym 1979. Adeiladwyd y warws ym 1904 yn seiliedig ar gynllun chwyldroadol o Ffrainc. Hwn oedd un o'r adeiladau cynharaf yn y wlad i gael ei atgyfnerthu â choncrit.

These two photographs show the demolition of the WCA building in 1979. The warehouse was built in 1904 to a revolutionary French design. It was one of the first reinforced concrete buildings in the country.

Gwaith tunplat Caerfyrddin, tua 1890. Ym 1748 sefydlodd Robert Morgan ffwrnais haearn ar safle melin d a phandy'r Prior. Cynhyrchwyd tunplat gyntaf ym 1761. Mae ffordd osgoi Dwyrain Caerfyrddin wedi newid cwrs yr afon fan hyn.

Carmarthen Tinplate Works, c. 1890. In 1748 Robert Morgan established an iron furnace on the site of the Priory corn and fulling mills. Tinplate was first produced in 1761. The new eastern bypass has changed the course of the river at this point.

Gwaith tunplât Caerfyrddin, tua 1890. Mae'r mwg sy'n codi o simneiau'r tô tun yn arwydd bod y gweithwyr wrth eu gwaith. Yn ystod y 1890au dechreuwyd codi tollau yn America gan arwain at ddirywiad a chaewyd y gwaith ym 1900.

Carmarthen Tinplate Works, c. 1890. Smoke pours from the tin house chimneys showing that the works were in production. American tariffs, imposed in the 1890s, brought decline and the works closed in 1900.

Gweithwyr yng ngwaith tunplat Caerfyrddin tua 1890.

Workmen at Carmarthen Tinplate Works in around 1890.

Adfeilion y gwaith tunplat, tua 1920. Erbyn hyn mae'r felin boeth yn rhan o ganolfan cyflenwr adeiladwyr.

The ruins of the tinplate works, c. 1920. The hot mill is now part of a builder's merchant.

De: Gwaith nwy
Caerfyrddin, tua 1979. Yn
edrych i lawr yr afon, cyn i
Bont Lesneven gael ei
chodi, gellir gweld y
gasomedr yn y gwaith nwy
a adeiladwyd ym 1822.

Right: *Carmarthen
Gasworks, c. 1979. Looking
down river, before Pont
Lesneven was built, the
gasometer can be seen at the
gas works, which were first
built in 1822.*

Uchod chwith: Tafarn y Cooper's Arms, Heol Awst, tua 1980. Roedd llawer o dafarnau yng
Nghaerfyrddin ar un adeg ac roedd y 'Cooper's' yn un o'r tafarnau niferus a gaeodd yn ddiweddar.

Above left: *The Cooper's Arms, Lammas Street, c. 1980. Carmarthen had numerous pubs and the Cooper's is
one of many pubs to have closed in recent years.*

Uchod dde: Bragdy Norton, Heol y Prior, tua 1925.

Above right: *Norton's Brewery, Priory Street, c. 1925.*

Uchod chwith: Bragdy Norton, Heol y Prior, tua 1925. Sefydlwyd y bragdy ym 1835 ac fe'i prynwyd gan Fragdy Buckley. Mae'r adeilad wedi'i ddymchwel.

Above left: *Norton's Brewery, Priory Street, c. 1925. The brewery was established in 1835 and was acquired by Buckley's Brewery. The building has since been demolished.*

Uchod dde: Banc London & Provincial, Clôs Mawr, tua 1900. Cynlluniwyd yr adeilad gan y pensaer lleol George Morgan, daeth y banc yn rhan o grŵp Barclay ym 1918.

Above right: *The London & Provincial Bank, Guildhall Square, c. 1900. Designed by local architect George Morgan, the bank became part of the Barclay's group in 1918.*

Chwith: Towy Works, tua 1911. Ymddengys fod y llun hwn wedi'i dynnu'n fuan ar ôl i'r adeilad agor. Ar y dde y mae Heol y Bont, a ddymchwelwyd. Ffordd y Cwrwgl sydd ar y safle hwn erbyn hyn.

Left: *Towy Works, c. 1911. This photograph appears to have been taken soon after the building opened. On the right is Bridge Street, now lost under Coracle Way.*

Y Carmarthen Fruit Company, tua 1910. Sefydlwyd y siop ym Mhorth Tywyll ym 1907. Mae'n amlwg bod tipyn o alw am fananas yng Nghaerfyrddin.

The Carmarthen Fruit Company, c. 1910. This shop was established in Dark Gate in 1907. Bananas were clearly a popular fruit in Carmarthen.

Siop y Brodyr Bartlett, Heol y Prior, tua 1930. Plymeriaid ac addurnwyr oedd y brodyr. Mae Bragdy Norton wedi'i ddymchwel.

Bartlett Brothers' shop, Priory Street, c. 1930. The brothers were plumbers and decorators. Norton's Brewery has been demolished.

Uchod: Siop gerdd
Edward Colby Evans,
tua 1900.

Above: *The music shop
of Edward Colby Evans,
c. 1900.*

De: Safon a steil yn siop
Woolworth ym 1962.

Right: *Retailing style at
Woolworths in 1962.*

Llond ffenestr o nwyddau Hoover yn siop Curry's, *c.* 1962.

A special Hoover window at Currys, c. 1962.

Siop Esgidiau Gainsborough, tua 1962.

Gainsborough Shoe Shop, c. 1962.

Siop ffrwythau George Mason yng Nghlôs Mawr yn cael ei moderneiddio. Yn y siop hon rhoddwyd y ffenestr gwydr plât fwyaf yn Ne Cymru, tua 1962.

Grocery chain George Mason modernise their shop in Guildhall Square with the largest plate glass window in south Wales, c. 1962.

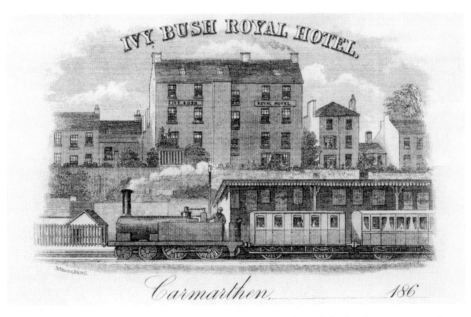

Neges ar bapur pennawd Gwesty'r Llwyn Iorwg, tua 1860 sy'n nodi bod yr hen goetsiws o fewn cyrraedd hwylus i'r orsaf reilffordd newydd.

The message on the Ivy Bush's headed notepaper, around 1860, is that the former coaching inn is now easily accessible by the newly-arrived railway.

Gweithwyr rheilffordd, Caerfyrddin, tua 1895.

Railway workers, Carmarthen, c. 1895.

Gorsaf reilffordd gyntaf Caerfyrddin, tua 1905. Cyrhaeddodd y trên teithwyr cyntaf â Gorsaf Myrtle Hill ym mis Medi 1852.

Carmarthen's first railway station, c. 1905. The first passenger train reached the Myrtle Hill Station in September 1852.

Parti o Ffrancod yn cyrraedd Gorsaf Caerfyrddin ar y ffordd i Sanclêr, tua 1963.

A party of French people arrive at Carmarthen Station bound for St Clears, c. 1963.

Y trên diesel cyntaf i gyrraedd Gorsaf Caerfyrddin ym 1963.

The first diesel to arrive in Carmarthen Station in around 1963.

Melin Wlân, Heol Glannant, 1948.

Woollen Mill, Glannant Road, 1948.

Melin Wlân, Tre Ioan, 1948.

Woollen Mill, Johnstown, 1948.

four
pedwar

Strydoedd Ddoe a Heddiw
The Changing Street Scene

Cei Caerfyrddin, tua 1940.

Carmarthen Quay, c. 1940.

Cei Caerfyrddin, tua 1925. Yn y llun hwn gellir gweld faint o dai a godwyd ger y cei, mae hyn yn cyferbynnu'n llwyr â'r sefyllfa heddiw.

Carmarthen Quay, c. 1925. This photograph shows the density of housing near the quay, in contrast to the situation today.

Ardal Glan Tywi, tua 1925. Codwyd llawer o dai yn yr ardal hon hefyd ac roedd nifer fawr o deuluoedd tlawd yn byw yma.

Towyside area, c. 1925. This area was also heavily built up and many poorer families lived here.

Ardal Glan Tywi, tua 1890. Roedd yr ardal led-ddiwydiannol hon a oedd yn gartref i nifer o deuluoedd tlawd yng nghysgod y carchar.

Towyside area, c. 1890. The gaol dominates this semi-industrial and poorer housing area of Carmarthen.

Chwith: Ardal Glan Tywi, tua 1952. Ychydig o dai sydd yma bellach wedi'u hamgylchynu gan ddiwydiant.

Left: *Towyside area, c. 1952. There is now a small area of housing surrounded by industry.*

Isod: Y cei, ger y bont, tua 1900.

Below: *At the bridge end of the quay, c. 1900.*

Uchod: Warysau ar y cei, tua 1905. Dymchwelwyd tafarn y Pelican yn y 1960'au.

Above: *Warehouses on the quay, c. 1905. The Pelican pub was demolished in the 1960s.*

Isod: Cei Caerfyrddin, tua 1890. Tafarn yw'r adeilad mawr ar y chwith.

Below: *Carmarthen Quay, c. 1890. The large building visible towards the left of the photograph is the Pothouse.*

Cei Caerfyrddin, tua 1895.

Carmarthen Quay, c. 1895.

Cei Caerfyrddin, tua 1900.

Carmarthen Quay, c. 1900.

Cei Caerfyrddin, tua 1950.

Carmarthen Quay, c. 1950.

Y bont bwyso ar Lanfa'r Ynys tua 1950, mae tafarn y Sloop, a welir yn y cefndir hefyd wedi'i dymchwel erbyn hyn.

The weighbridge on Island Wharf, with the Sloop pub, now also demolished, in the background, c. 1950.

Glanfa'r Ynys, tua 1930. Ar yr adeg hon roedd cychod mawr yn dal i deithio lan yr afon i adeilad yr WCA.

Island Wharf, c. 1930. Even at this time, large vessels were still coming up the river to the WCA building.

Glanfa'r Ynys a Thafarn y Sloop, tua 1930, a ddymchwelwyd ym 1975.

Island Wharf and the Sloop Inn, c. 1930. The pub was demolished 1975.

Y cei, ger Heol Las, tua 1960. Roedd y cei ar agor i draffig a oedd yn dod i'r naill gyfeiriad a'r llall. Roedd cerbydau a oedd yn teithio i Abertawe yn mynd ar ei hyd.

The Blue Street end of the quay, c. 1960. The quay was open to two-way traffic and vehicles from the west were directed to Swansea along it.

Y cei ym 1970. Mae Pont Bailey yn cael ei hadeiladu felly hefyd, yr orsaf fysiau newydd.

The quay, c. 1970. The Bailey Bridge is under construction, as is the new bus station.

Park House, Parc y Brodyr Llwydion ym 1983. Dymchwelwyd yr adeilad wedi hyn a chodwyd archfarchnad ar y safle.

Park House, Friars Park in 1983. It was later demolished to make way for a supermarket.

Heol y Felin, a ddymchwelwyd, tua 1970.

Mill Street, since demolished, c. 1970.

Heol Awst, 1893.

Lammas Street, 1893.

Heol Awst, tua 1920

Lammas Street, c. 1920

De: Ffair Geffylau yn Heol Awst, tua 1940. Cynhaliwyd ffeiriau a marchnadoedd ar strydoedd Caerfyrddin ers y canol oesoedd.

Right: *Horse Fair in Lammas Street, c. 1940. Fairs and markets were held in the streets of Carmarthen from the medieval period.*

Isod: Mae'r syrcas yn y dref, Heol Awst, tua 1904. Mae'n amlwg nad oedd diogelwch y cyhoedd o bwys mawr!

Below: *The circus comes to town, Lammas Street, c. 1904. Public safety is apparently not an issue!*

Gwledd i'r llygaid, gorymdaith y syrcas ar
Heol Awst, tua 1904.

These two photographs show the spectacular circus
parade on Lammas Street, c. 1904.

Carnifal Caerfyrddin ar Heol Awst, tua 1920.

Carmarthen carnival on Lammas Street, c. 1920.

Dillad ffasiynol y dydd yn Heol Awst, tua 1925.

Contemporary fashion in Lammas Street, c. 1925.

Heol Awst, tua 1950. Mae hen ddigon o bobl ond prin yw'r cerbydau o'i chymharu â'r sefyllfa bresennol, felly nid yw sgwrsio yng nghanol yr heol yn achosi problem!

Lammas Street, c. 1950. There are plenty of people around but traffic has not reached today's numbers, so there is no problem with chatting in the middle of the street!

Heol Awst, tua 1977. Gellir gweld Park House a'r tir o'i amgylch ar ben ucha'r llun. Mae archfarchnad a maes parcio ar y safle hwn erbyn hyn.

Lammas Street, c. 1977. Park House and its grounds can be seen at the top of the photograph. The area is now a supermarket and car park.

Heol y Gwyddau, cyn ac ar ôl y gwaith o'i dymchwel, tua 1981.

Catherine Street, before (above) and after (below) demolition, c. 1981.

Cyffordd Heol y Gwyddau â Heol Dwˆr, tua 1977. Cafodd Heol y Gwyddau i'r gorllewin o'r gyffordd ei lledu tua 1980.

The junction of Catherine Street and Water Street, c. 1977. Catherine Street to the west of the junction was widened around 1980.

Heol Morley, tua 1895. Tynnwyd y llun hwn gan y ffotograffydd J.F. Lloyd, a oedd yn byw yn yr heol hon.

Morley Street, c. 1895. This was taken by J.F. Lloyd, the photographer, who lived in the street.

Y Capel Wesleaidd ar gornel Heol y Capel a Maes Cambria cyn ei ddymchwel ym 1978.

The Wesleyan Chapel on the corner of Chapel Street and Cambrian Place, prior to demolition in 1978.

Heol Goch, cyn ei dymchwel ym 1978.

Red Street, prior to demolition in 1978.

Cornel Heol Goch a Heol y Capel cyn ac yn ystod y gwaith o'i dymchwel ym 1978.

The corner of Red Street and Chapel Street, prior to (above) and during (below) demolition in 1978.

Gwesty Nelson a mynedfa'r farchnad, tua 1970.

The Nelson Hotel and entrance to the market, c. 1970.

Dymchwel Heol Goch a Maes Cambria, tua 1980.

The demolition of Red Street and Cambrian Place, c. 1980.

Heol Goch, cyn ac yn ystod y gwaith o'i dymchwel ym 1978.

Red Street, prior to (above) and during (below) demolition in 1978.

Uchod chwith: Capel Ebeneser yn Heol Ioan i gyfeiriad Heol y Sgubor.

Above left: *Ebenezer Chapel in John Street, looking towards Barn Road.*

Uchod dde: Cornel Porth Tywyll a Heol Goch, cyn ei dymchwel ym 1968.

Above right: *The corner of Dark Gate and Red Street, prior to demolition in 1968.*

De: Gorymdaith Sul y Cofio yn cyrraedd y Clos Mawr ym 1963.

Right: *The Remembrance Day Parade enters Guildhall Square in 1963.*

Y Porth Tywyll o'r Clos Mawr ym 1968.

Dark Gate from Guildhall Square in 1968.

Y Clos Mawr ym 1978.

Guildhall Square in 1978.

Uchod: Y Porth Tywyll ar ôl i'r
datblygiad newydd gael ei gwblhau,
1970.

Above: *Dark Gate, after the completion of
the new development, 1970.*

De: Heol y Neuadd, tua 1948. Gellir
gweld yr Emporium ar y dde. Caeodd
yr Emporium ym 1947 a dymchwelwyd
y ffasâd gwych ym 1954.

Right: *Hall Street, c. 1948. The
Emporium can be seen at the right of the
photograph. It closed in 1947 and the fine
façade was demolished in 1954.*

Maes Nott, tua 1948. Saif Cofeb Nott ar safle'r hen groes ganoloesol a'r farchnad yn y ddeunawfed ganrif.

Nott Square, c. 1948. Nott's Monument occupies the site of the medieval market cross and the eighteenth-century covered market.

Heol y Brenin o Faes Nott, tua 1925.

King Street from Nott Square in around 1925.

Dymchwel yr adeiladau ar gyffordd Heol y Sgubor, Waun Dew a Heol Dŵr Fach, tua 1930.

These photographs show the demolition of buildings at the junction of Barn Road, Little Water Street and Richmond Terrace, c. 1930.

Y gyffordd newydd ar ôl y gwaith dymchwel, gan ddangos Teras Francis a Theras Elliston, tua 1930.

The new junction following demolition, showing Francis Terrace and Elliston Terrace, c. 1930

Heol y Brenin, tua 1895.

King Street, c. 1895.

Lôn y Llan, gan edrych draw tuag at Furnace House, sef y llyfrgell bellach, tua 1928.

Church Lane, looking towards Furnace House, which is now the library, c. 1928.

Chwith: Dymchwel Norton's Brewery ar gornel Lôn San Pedr a Heol y Prior, 1928.

Left: *Demolition of Norton's Brewery on the corner of St Peter's Lane and Priory Street, 1928.*

Isod chwith: Difrod i folard ar gornel Heol y Prior a Heol y Llan ym 1962.

Below left: *A bollard has a slight accident on the corner of Priory Street and Church Street in 1962.*

Isod dde: Gwasanaeth Sul y Cofio ger y gofeb ryfel yn Heol y Prior ym 1963.

Below right: *Remembrance Day service at the war memorial on Priory Street in 1963.*

Gwaith ar y ffordd yn Heol y Prior, tua 1963. Mae'r stryd wedi newid yn ystod y 40 mlynedd diwethaf: mae siopau wedi cau, mae rhesi o dai wedi eu dymchwel, ac mae'r coed wedi eu cwympo.

Road works on Priory Street, c. 1963. The street has changed a lot in forty years – shops have closed, rows of houses have gone and the trees have been chopped down.

Pen dwyreiniol Caerfyrddin, tua 1890. Mae'r hen Ysgol Ramadeg yn y tu blaen. Yn y cefndir gellir gweld yr Ysgol Ramadeg newydd ger Waun Dew.

The eastern end of Carmarthen, c. 1890. The old Grammar School is in the foreground. In the background the first phase of the new Grammar School, off Richmond Terrace, can be seen.

Cynt a chwedyn. Lledu Lôn yr Hen Dderwen tua 1930.

Before (above) and after (below). Old Oak Lane is widened around 1930.

Y Llannerch, tua 1890. Codwyd y tai hyn tua 1879, a gellir gweld gwartheg yn pori yn y caeau lle byddai'r Goedlan ymhen dim o dro.

The Esplanade, c. 1890. These houses were built around 1879, and cattle can be seen grazing in fields that were soon to become the Avenue.

Y Llannerch, tua 1900. Bellach mae llawer mwy o adeiladau yn y rhan hon o'r dref ac mae'r caeau wedi diflannu; hefyd bryd hynny yr oedd yno fwy o adeiladau a oedd yn gysylltiedig â'r rheilffordd.

The Esplanade, c. 1900. The area is now more built up, the open fields have gone and there are more buildings associated with the railway.

Gosod y garreg sylfaen ar gyfer ystad Parc y Bryn ym 1946.

Laying the foundation stone for the Park Hall housing estate in 1946.

Dechrau ar y gwaith o ddymchwel cofeb Picton cyn ei hadfer a'i hailgodi ym 1988.

Work starts on demolishing Picton's Monument prior to its restoration and rebuilding in 1988.

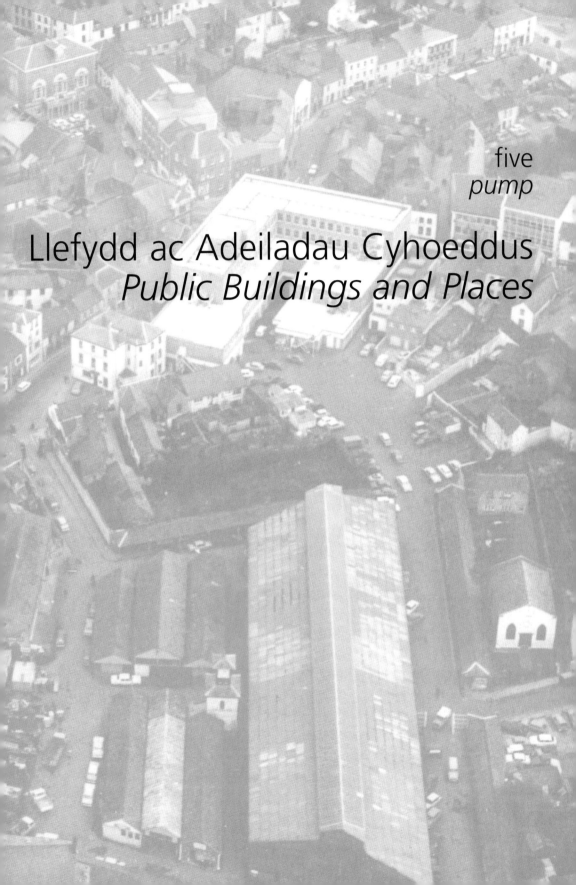

five
pump

Llefydd ac Adeiladau Cyhoeddus
Public Buildings and Places

The Assemble Rooms, Heol y Brenin, 1858. Dengys yr ysgythriad hwn yr adeilad, a agorwyd ym 1854 ac a oedd yn cynnwys neuadd gyhoeddus fawr ar gyfer cyfarfodydd a chynnal dramâu, llyfrgell, ystafell filiards, a darllenfa.

The Assemble Rooms, King Street, 1858. This engraving shows the building, which opened in 1854 and housed a large public hall for meetings and drama, a library, a billiard room and a reading room.

Ysbyty Dewi Sant o Dre Ioan, tua 1950.

St David's Hospital from Johnstown, c. 1950

Marchnad Caerfyrddin, 1850. Dyma'r farchnad newydd a godwyd ym 1846 i gymryd lle'r marchnadoedd a oedd yn arfer cael eu cynnal ym Maes Nott a'r Clos Mawr.

Carmarthen Market, 1850. This is the new market built in 1846 to replace the markets held in Nott Square and Guildhall Square.

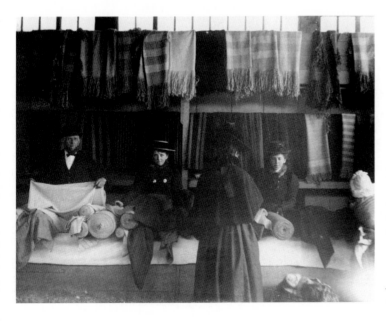

Marchnad Caerfyrddin, tua 1900. Mae'r llun hwn, a dynnwyd gan J.F. Lloyd, yn dangos teulu King Morgan ar eu stondin.

Carmarthen Market, c. 1900. This photograph, taken by J.F. Lloyd, shows the King Morgan family on their stall.

De: Adeiladu Marchnad Caerfyrddin, tua 1930. Cafodd y neuadd sydd yn cael ei chodi yn y llun hwn, ei dymchwel ym 1980. Agorwyd y neuadd bresennol ym 1981.

Right: *Carmarthen Market, c. 1930. This market hall, shown during construction, was demolished in 1980. The present hall opened in 1981.*

Uchod chwith: Prynu llysiau ym Marchnad Caerfyrddin ym 1953.

Above left: *Buying vegetables in Carmarthen Market in 1953.*

Uchod dde: Marchnad Caerfyrddin, tua 1973. Mae cynllun marchnad 1864 i'w weld yn amlwg yn y llun hwn. Codwyd y farchnad newydd ym 1981 ar ongl sgwâr i neuadd yr 1930au.

Above right: *Carmarthen Market, c. 1973. The layout of the 1864 market is quite clear in this photograph. The new market hall was built in 1981 at a right angle to the 1930s hall.*

Marchnad Caerfyrddin, tua 1930.

Carmarthen Market, c. 1930.

Marchnad Da Byw Caerfyrddin, 1948.

Carmarthen Livestock Market, 1948.

Diwrnod marchnad prysur y tu mewn i neuadd y farchnad ym 1953.

A very busy market day scene inside the market hall in 1953.

Neuadd Marchnad Caerfyrddin yn barod ar gyfer gornest focsio tua 1940. Yr oedd yr adeilad yn fan cynnal poblogaidd ar gyfer gornestau bocsio a digwyddiadau cymdeithasol eraill.

Carmarthen Market Hall laid out for a boxing match, c. 1940. The building was a popular venue for boxing matches and other social occasions.

Gyferbyn uchod chwith: Gornest focsio yn y neuadd ym 1962.

Opposite above left: *A boxing bout in the hall in 1962.*

Gyferbyn uchod dde: Dawnsio yn neuadd y farchnad, 1962.

Opposite above right: *Dancing in the market hall, 1962-style.*

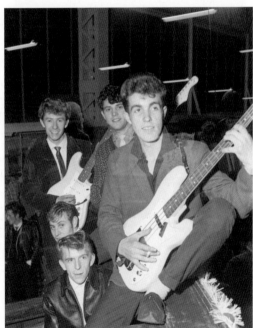

Uchod chwith: Cannoedd yn dawnsio yn neuadd y farchnad, yn ystod cystadleuaeth i fandiau ym 1962.

Above left: *Hundreds dance in the market hall, during a band competition in 1962.*

Uchod dde: Cystadleuwyr yn y gystadleuaeth i fandiau, a gynhaliwyd ym 1962.

Above right: *Competitors in the band competition, held in 1962.*

Cymryd rhan yn y gystadleuaeth ym 1962.

Playing in the competition in 1962.

Y Black Jacks yn perfformio yn y neuadd ymarfer, sef cyrchfan boblogaidd ar nos Sadwrn ym 1962.

The Black Jacks play in the drill hall, a popular Saturday night location in 1962.

Uchod chwith: Noson Agoriadol Bar Coffi Top of the Pops ym 1963.

Above left: *The opening night of the Top of the Pops Coffee Bar in 1963.*

Uchod dde: Carchar Caerfyrddin, tua 1930. Codwyd y carchar ynghanol y castell ym 1789 a'i ddymchwel ym 1938.

Above right: *Carmarthen Gaol, c. 1930. The gaol was built in the middle of the castle in 1789 and demolished in 1938.*

Neuadd y Sir tua 1963. Dechreuwyd codi'r swyddfeydd newydd ym 1938, ond ni ddaeth y gwaith i ben tan ar ôl y rhyfel.

County Hall, c. 1963. Building work on the new offices started in 1938, but they were not completed until after the war.

Uchod chwith: Uchel swyddogion yr heddlu yn dangos eu hoffer radar newydd ym 1962.

Above left: *Senior police officers demonstrate the new radar speed trap equipment in 1962.*

Uchod dde: Ymgyrch diogelwch ar y ffyrdd gan y Tufty Club ym 1962.

Above right: *The Tufty Club road safety campaign in 1962.*

Gorsaf dân y fwrdeistref, Heol Goch, tua 1930. Heddlu'r fwrdeistref oedd yn gyfrifol am y gwasanaeth hwn hyd nes iddo gael ei drosglwyddo i ofal y Gwasanaeth Tân Cenedlaethol ym 1939.

The borough fire station, Red Street, c. 1930. The borough police ran the service until the National Fire Service took over in 1939.

Yr hen orsaf dân y tu cefn i swyddfeydd y fwrdeistref ym Maes Cambria, cyn iddi gael ei dymchwel ym 1980.

The old fire station at the rear of the borough offices in Cambrian Place, prior to demolition in 1980.

Parc Caerfyrddin yn fuan ar ôl i'r parc gael ei agor ym 1900.

Carmarthen Park taken soon after it opened in 1900.

Darnio'r cwrs rasio beiciau yn y parc, cyn ei ailosod ym 1962.

Breaking up the cycle track in the park, prior to replacing it in 1962.

Yr oedd yr Humber hwn wedi
ennill ras ym Mhentywyn y
diwrnod blaenorol. Rasiwr
proffesiynol oedd ar gefn y beic
modur y diwrnod hwnnw. Mae
perchennog y beic modur,
Mansel Davies, sef sefydlydd y
cwmni cludo enwog yng
ngorllewin Cymru, ar y chwith.

*This Humber had won a race at
Pendine the previous day. The rider
was a professional racer. The actual
owner of the bike, Mansel Lewis, the
founder of the well-known west
Wales haulage firm, is on the left.*

Diwrnod mabolgampau Ysgol
Model, 1962. Bellach saif ystad
dai lle bu caeau'r ysgol y tu cefn i
Heol Dwˆr.

*Model School sports day, 1962. The
school fields behind Water Street are
now a housing estate.*

Hen Ysgol Tre Ioan, tua 1970,
cyn ymestyn y ffordd ddeuol o
Lôn Morfa hyd at y Traveller's
Rest.

*The former Johnstown School,
c. 1970, prior to the extension of
the dual carriageway from Morfa
Lane to Traveller's Rest.*

six
chwech

Pen-sarn
Pensarn

Pen-sarn ym 1890.

Pensarn in 1890.

Pen-sarn ym 1962. Tynnwyd y llun hwn i gofnodi damwain ffordd a oedd wedi digwydd i un o geir yr heddlu, sydd yng nghanol y llun.

Pensarn in 1962. This photograph was taken to record a traffic accident involving a police car, which can be seen in the centre of the image.

Ffatri'r United Dairies ym Mhen-sarn ym 1928.

United Dairies factory in Pensarn in 1928.

Ffatri'r United Dairies ym 1935, ar ôl codi'r adran gwneud caws ar safle'r adeilad gwreiddiol a adeiladwyd yn yr 1920au.

United Dairies factory in 1935, when the new cheese-making section had been built on the site of the original 1920s building.

Pen-sarn tua 1980, gan ddangos yr hufenfa gyfan. Mae Pen-sarn wedi newid yn llwyr yn ystod y deng mlynedd ar hugain diwethaf.

Pensarn, c. 1980, showing the full extent of the creamery. Pensarn has changed quite dramatically in the last thirty years.

Gyferbyn isod: Y swyddfa ddidoli ym Mhen-sarn yn ystod llifogydd 1987.

Opposite below: *The sorting office in Pensarn during the floods of 1987.*

Tywysog a Thywysoges Cymru yn ymweld â Theras y De ar ôl y llifogydd mawr ym mis Hydref 1987.

The Prince and Princess of Wales visit Southern Terrace, Pensarn, after the major floods of October 1987.

Cydnabyddiaeth
Acknowledgements

Lluniwyd y llyfr hwn gan Chris Delaney, Rheolwr Treftadaeth, Cyngor Sir Caerfyrddin, gyda chymorth gan staff amgueddfeydd, gwasanaeth archifau a gwasanaeth llyfrgelloedd y cyngor, yn enwedig Ann Wright, Dara Jasumani, John Davies, Terry Wells a Leanne McFarland. Uned Gyfieithu Cyngor Sir Caerfyrddin a gyfieithodd y testun i'r Gymraeg.

Yn ogystal â diolch i'r llu o bobl sydd wedi rhoi lluniau dros y blynyddoedd i gasgliadau gwasanaethau archifau ac amgueddfeydd y sir, carem ddiolch yn benodol i'r unigolion hynny sydd wedi rhoi caniatâd i ni atgynhyrchu eu lluniau yn y gyfrol hon. Carem ddiolch i Ken Davies, a roddodd ganiatâd i ni ddefnyddio ei negatifau a'i awyrluniau, i Enid McCall am gopïau o luniau o gasgliad ei thad, H.L. Williams, ac i Mrs Webber am gael defnyddio casgliad tryloywluniau ei diweddar wˆr.

This book was compiled by Chris Delaney, Heritage Manager at Carmarthenshire County Council, with the assistance of members of staff from the museum, archive and library services of the council; in particular, Ann Wright, Dara Jasumani, John Davies, Terry Wells and Leanne McFarland. The Translation Unit of Carmarthenshire County Council produced the Welsh Language text.

In addition to thanking the numerous donors who, over the years, have given photographs to the archive and museum collections, the assistance of individuals who gave permission for the reproduction of their photographs in this volume must be especially acknowledged. We would like to thank Ken Davies, who allowed us to use his negatives and aerial photographs; Enid McCall, for copies of her father, H.L. Williams' collection; and Mrs Webber, for the use of her late husband's slide collection.